NEUROCIENCIA APLICADA AL VOLEIBOL

Concepto y 100 tareas para su entrenamiento

Grupo IAFIDES

Título: NEUROCIENCIA APLICADA AL VOLEIBOL. CONCEPTO Y 100 TAREAS PARA SU ENTRENAMIENTO
Autor: GRUPO IAFIDES
Corrección del texto: MANUELA CASTILLO SOLER

Editorial: WANCEULEN EDITORIAL
Sello Editorial: WANCEULEN EDITORIAL DEPORTIVA

ISBN (Papel versión blanco y negro): 978-84-18682-37-7
ISBN (Papel versión color):): 978-84-18682-39-1
ISBN (Ebook): 978-84-18682-38-4

DEPÓSITO LEGAL: SE 279-2021

Impreso en España. 2021

WANCEULEN S.L.
C/ Cristo del Desamparo y Abandono, 56 - 41006 Sevilla
Dirección web: www.wanceuleneditorial.com y www.wanceulen.com
Email: info@wanceuleneditorial.com

ÍNDICE

INTRODUCCIÓN

El neurocientífico e investigador Fabricio Ballarini habla de que "las investigaciones de neurociencia nos dicen que recordamos y sabemos de los eventos novedosos, los que interrumpen la rutina" ... "hay que educar al cerebro".

"La neurociencia deportiva es práctica, tiene que ver con los focos de atención, los tiempos de retención, como manejar el estrés... es algo experimental"

La neurociencia es un área científica que estudia del sistema nervioso en todo su ámbito. La neuroeducación es la aplicación de la neurociencia al aprendizaje y estudia cómo funciona el sistema nervioso cuando aprendemos. La neurociencia educativa estudia el proceso por el que nuestro cerebro aprende basándose en la genética, el entorno y la experiencia, junto con los procesos cognitivos y emociones y, además, estudia qué sentimientos influyen en el aprendizaje.

Hay una tendencia educativa muy fuerte afianzada en estos conceptos y cada día se ve más reflejada en la enseñanza del deporte, aunque que mal entendida puede llevar a errores y a no conseguir los resultados pretendidos.

El proceso de la toma de decisión es:

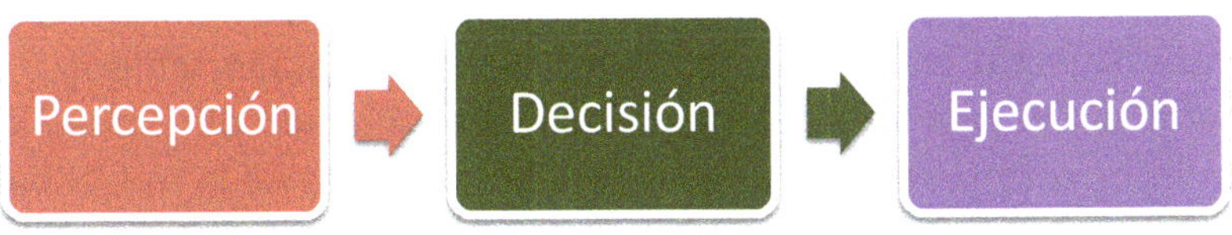

Pero en deportes como el voleibol, en el que se resuelven muchas acciones, la realidad es cambiante y el jugador está sometido a estrés competitivo en su desarrollo y aprendizaje (aparecen la testosterona y el cortisol) y el mecanismo de nuestro cerebro tiene que responder a las distintas situaciones sin posibilidad de pensar cuál es la mejor solución. La experiencia y el control de las emociones hará que el mecanismo sea:

Entenderemos por estímulo la percepción de lo que está sucediendo usando los sentidos para decidir con mayor pericia, pero sin la posibilidad de reflexionar para dar una respuesta.

El foco de atención hay que ponerlo en lo importante y ser selectivo, esa capacidad es importante para el desarrollo de los jugadores.

Para desarrollar la neuroplasticidad se necesita de distintos tipos de memoria:

- Memoria declarativa: capacidad de recordar eventos, números, estímulos sensoriales y relatorios.
- Memoria de procedimiento: capacidad de ejecutar acciones motoras complejas aprendidas con anterioridad.

Los jugadores tienen que buscar desarrollar una inteligencia resolutiva durante sus entrenamientos.

En cualquier ámbito de la vida, cuando se falla en una situación, se repite una y otra vez hasta que salga bien, mejorando la ejecución o algún aspecto que creamos haber fallado para alcanzar la excelencia de lo planteado. Ahora bien, en un partido de voleibol las situaciones no se repiten en el tiempo. En cada partido nos enfrentamos a un rival distinto, con unas características distintas, con unas habilidades distintas, nuestro estado no es el mismo y el resultado tampoco, por ejemplo. Un jugador está constantemente tomando decisiones ante distintos escenarios: el rival mas cerca o mas lejos de la red, el balón mas alto o mas bajo, mas fuerte o más débil... Hasta la ejecución de un saque, que puede ser la más aislada o repetitiva en el tiempo durante los partidos, es una acción que cambia según el rival que tenga enfrente, el resultado del partido, el minuto de partido, si es el primero que ejecuta o ya ha ejecutado otros durante el mismo, si el rival los ha recepcionado o no... No existen dos saques iguales. La clave del aprendizaje es que puedo aprender de los errores que cometa, para no volver a cometerlos y, cuando me encuentre con una situación “igual”, el conocimiento y la habilidad que tenga para descartar los estímulos que no tengan trascendencia y para identificar los que puedan influir hará que consiga el resultado pretendido.

Entonces... ¿cómo entrenamos a los jugadores? Si haga lo que haga nunca voy a poder simular lo que va a pasar en el partido...

Cualquier acción requiere una interpretación de lo que está sucediendo, pero no puede ser reflexiva. No existe tiempo para valorar. Si el jugador se para a reflexionar y a valorar perderá cualquier tipo de ventaja que pueda tener ante una situación. Los entrenadores tenemos que darles herramientas para que su ejecución sea eficaz y para que el jugador sea eficiente. Digo eficaz, porque es igual de válido enviar el balón al campo contrario de dedos que de antebrazos. Y tiene que ser eficaz técnicamente (buena ejecución) y eficiente tácticamente (conseguir el objetivo pretendido).

El jugador tiene que estar en condiciones óptimas para competir y poder rendir durante los partidos. Si un jugador falla un golpeo en un partido no sólo tiene que ser porque sea malo técnicamente o porque no lo haya ejecutado bien; puede ser porque se puso nervioso ante la presión del resultado y se precipitó, porque no usó el tipo de golpeo adecuado para mandar el balón dónde quería, porque el rival se adelantó a su golpeo para anticiparse a al balón, porque eligió mal la superficie con la que realizó el golpeo...

¿Cómo corregimos esto?

Parar a los jugadores en una simulación de la acción en la que se le explique al jugador en cuestión cómo o dónde tenía que haber ejecutado el golpeo se considera una pérdida de tiempo y de energías que no producirá ninguna mejora en el jugador ni en su juego. Hay que darle un feedback rápido y conciso y seguir con lo siguiente. Igualmente, después de esto, poner a un jugador enfrente de otro (vis a vis) y hacer un alto número de repeticiones de golpeos para la corrección de lo sucedido para buscar una mejora del juego sigue siendo poco útil. Las situaciones rutinarias se olvidan.

Se aprende a golpear equivocándonos en el golpeo, y golpeando una y otra vez en distintas situaciones, lo importante no es que el golpeo esté bien ejecutado en cuanto a unos patrones de ejecución del gesto técnico (que es lo que queríamos), lo importante es que, cuando lo falle, recupere pronto la iniciativa para poder tener otra posibilidad de golpear la balón y conseguir que llegue al campo rival en condiciones que el contrario no pueda devolverla y, si lo hace, lo haga en condiciones ventajosas para poder devolverla de nuevo con ventaja, por ejemplo.

Entonces, tenemos que preparar al jugador para que sea capaz de resolver todas las acciones del juego, porque a lo mejor lo que estuvo mal ("con el periódico del lunes") no es el golpeo, sino que no debió elegir otra zona para enviar el balón, dejarla pasar para que el rival se desplazara y golpear cuando se moviera a otro lugar, creyó que el rival se iba a mover y no se movió, debió imprimir mayor fuerza al golpeo ... con lo cual, tenemos que preparar a los jugadores para que sean capaces de resolver las situaciones del partido.

La tendencia para corregir un error es aislarlo y trabajarlo de manera aislada para la mejora del rendimiento, pero la experiencia y el entendimiento del juego como una realidad cambiante hace pensar que nos acerca más al error porque no produce una mejora en el juego, produce una mejora de una acción aislada, que nunca más se volverá a repetir durante la vida deportiva del jugador en las mismas condiciones.

En etapas de formación nos gusta enseñarles a los jóvenes jugadores cómo es el golpeo para la ejecución del saque y hacer esa demostración *"que saca a relucir esa calidad técnica que tenemos todos los entrenadores, muy superior a la de nuestros jóvenes aprendices".*

El jugador bueno que todos queremos es el que sabe cuándo tiene que hacer un tipo de golpeo u otro, el que golpea "bien" el balón, el que interpreta la acción del contrario, el que se anticipa a su juego..., en definitiva, el que toma bien las decisiones sobre el terreno de juego.

Es igual de válido un remate directo que roscado siempre y cuando llegue en las peores condiciones al rival (en desventaja). Puede no ser igual de estético según los patrones motrices del golpeo para esa situación determinada, pero si el jugador puede ejecutarlo con destreza y consigue su objetivo de manera habitual... ¿por qué no?

El profesor Julio Garganta habla del talento como algo que no se descubre, se alcanza. El talento hay que potenciarlo y ponerlo en valor.

"El talento no se encuentra como con un detector de metales, que pita cuando lo tienes delante" (Julio Garganta).

Cuando entrenamos o preparamos a nuestros jugadores tenemos que diseñar nuestras sesiones de entrenamiento. Hoy en día se hacen multitud de tareas intentando "perturbar" la decisión y para condicionar al jugador en su toma de decisión: cambiándole el color en el último momento que le indica dónde tiene que rematar, decir un número y tiene que desplazarse hacia un lugar antes de golpear... Y yo me pregunto por qué en un "juego" como el voleibol, en el que se toman tantas decisiones, que queremos que el jugador domine y sepa interpretar en cada momento, los estímulos que utilizamos para que el jugador ejecute no tienen nada que ver con el juego.

Durante el juego se coordinan diferentes procesos cognitivos de manera simultanea con la visión periférica.

La visión periférica es importante, pero saber poner el foco en lo relevante es clave para la correcta toma de decisión. Existe un gran número de trabajos aplicados desde el área física en su mayor parte que utilizan estas teorías y estos artículos científicos sobre el aprendizaje en los entrenamientos, pero muy alejados del juego.

En todas las facetas del voleibol se intentan copiar cosas de otros deportes que a lo mejor están más avanzados o tienen un mayor grado de estudio y demuestran transferencia. Las situaciones no se repiten nunca en el juego, no hay dos golpeos iguales en un partido, no hay dos rivales iguales, no hay dos remates iguales en un partido... Entonces, si estamos de acuerdo en esto, ¿no sería mejor preparar a nuestro jugador para que sepa reaccionar mejor ante las situaciones que se dan en el juego y ante estímulos que tengan que ver con este y no con colores, números, palmadas, pitido del silbato...? Existen muchas dudas de que en un entrenamiento el hecho de que un jugador "vea el rojo y golpee el balón a la zona donde está el color rojo", tenga algo que ver con el juego, con su preparación y con su mejora como jugador. Mejorará capacidades del individuo, pero no entiendo que mejore como jugador. Es como si pensáramos que a un atleta de 50 metros lisos le va a producir una mejora de su rendimiento en la competición salir hacia el lugar rojo después de ver ese color.

Con esto no quiero decir que no se hagan juegos de activación, que no se hagan este tipo de tareas que nos pueden servir para entretener a los jugadores o como dinámicas, sólo expreso que, si queremos entrenar voleibol y sacar mayor rendimiento a los entrenamientos, los que no tenemos muchas horas para poder entrenar a nuestros jugadores tenemos que intentar que nuestras tareas tengan la mayor transferencia al juego posible.

Se podría argumentar que estos estímulos intentan "molestar" al jugador para entrenar la capacidad de enfocarse en lo que está haciendo. Estímulos que nunca se va a encontrar en un partido.

Siempre será mejor trabajar que nuestro jugador envíe el balón a una zona, cuando haya un movimiento del contrario hacia otra, cuando vea que se desplaza, obligarlo a que devuelva de antebrazos... y conseguiremos mayor transferencia al juego, según el jugador que entrenemos, la edad, nivel de desarrollo del jugador y sus capacidades y cualidades.

¿Y si lo ponemos a golpear el balón ante un rival que se mueve? El jugador tendrá que identificar el estímulo al que tiene que reaccionar (lugar al que deja el rival) y enviarle el balón con desventaja para recibir descartando todos los demás estímulos (amagues). Y si además el jugador golpea después de un golpeo de un compañero de dedos o de antebrazos, si falla tendrá que devolver el balón que le envíe el contrario... podremos aumentar la carga cognitiva de lo que estamos entrenando, utilizando elementos del juego. Estímulos ante los que tendrá que reaccionar y dar una respuesta o descartar durante el juego.

De esta manera conseguiríamos contextualizar las acciones, hasta el punto que lo consideremos necesario y atendiendo al nivel de los jugadores a los que vayamos a exponer las tareas. Controlando y adaptando las cargas cognitivas.

La teoría de la carga cognitiva explica que el aprendizaje de una tarea demanda el reclutamiento de recursos neuronales, tales como la atención y la memoria de trabajo. Si la tarea consume un nivel excesivo de estos recursos la información no se procesará en su totalidad, lo que generará una disminución del aprendizaje (Pass, Van Gog y Sweller, 2010; Shuggi, Oh, Shewokis y Gentili, 2017).

Hay que intentar como entrenadores que el entrenamiento sea un medio facilitador del aprendizaje.

Nuestro objetivo como entrenadores es ayudar a nuestros jugadores en su proceso de aprendizaje bien sea en formación, iniciando o en alto rendimiento, compitiendo. En voleibol, por mucho que intentemos que la competición sea lo más sana y educativa posible en su iniciación, en un partido compites con un rival para ganarle, porque es inherente al juego mismo. Los estímulos y las respuestas tienen que estar encaminados al aprendizaje del jugador y tienen que tener estrecha relación con lo que puede pasar en un partido para que el aprendizaje sea significativo, bien sea una situación en la que la respuesta siempre sea la misma (por ejemplo, rematar) y que la decisión sea cómo golpear (directo, roscado o finta) o bien una situación en la que haya muchas respuestas (distintas posibilidades de golpeo) y muchas posibles decisiones dentro de esa respuesta (puede haber infinitas en la ejecución).

Para ello, la complejidad de la tarea irá estrechamente relacionada con la capacidad de aprendizaje y el desarrollo de las capacidades del jugador.

Las tareas más analíticas en el aprendizaje, para las mejoras de los gestos técnicos como tales, deben llevar una toma de decisión para su eficiencia, ya que enseñar los gestos técnicos disociados de todas las variables del juego, preparan al jugador para tener destreza en un golpeo determinado, a una distancia determinada, aplicando la misma fuerza y sin ninguna toma de decisión y los jugadores están constantemente tomando decisiones en un partido por la realidad cambiante del juego. Por ejemplo, dos jugadores uno enfrente de otro golpeando el balón de dedos a la misma distancia, es una tarea o ejercicio que sólo le producirá al jugador una mejora del golpeo a esa distancia precisa y el aprendizaje carecerá de mejora cognitiva alguna. Mientras que ese golpeo, si el rival está variando la distancia, variando la velocidad a la que se mueve, devolviéndole el balón a distintas alturas, cambiando de espacios... o cualquier otra variable que haga que la repuesta sea siempre la misma (que consistirá en golpear de dedos), la decisión de la ejecución será distinta y el proceso de aprendizaje llevará una carga cognitiva mayor y esto repercute directamente en la mejora del jugador en cuanto a las respuestas en el juego.

Existen multitud de reglas de provocación para que las tareas y los entrenamientos tengan el resultado requerido o que en el entrenamiento pase lo que nosotros queramos que pase y podamos encontrar ese matrimonio tan ansiado entre objetivo y contenido.

Para conocer y manejar todas las posibilidades durante un entrenamiento y que podamos alcanzar lo que buscamos en el entrenamiento propongo tres tipos de condicionantes:

- Condicionantes humanos.
- Condicionantes espacio-temporales.
- Condicionantes reglados.

Atendiendo a estos condicionantes siempre podremos conseguir que nuestras tareas consigan reproducir las situaciones que queremos que el jugador vivencie y tengan transferencia al juego.

Los condicionantes espaciotemporales, humanos y reglados de las tareas tendrán estrecha relación con el juego, no puede ser un condicionante para el jugador una cuerda para marcar la altura del golpeo, el condicionante debe tener relación con el juego, por ejemplo, poner la red entre ellos.

Al aplicar el concepto de neurociencia al voleibol no buscamos que los jugadores sean mas rápidos, que lo serán en las decisiones que tomen y en el tiempo que tarden en tomarlas, lo que buscamos es que el proceso o mecanismo de decisión que desarrollen les haga capaces de decidir bien en tiempo y forma con respecto a la situación que tengan que resolver y el rival al que se enfrentan en base a su percepción, conocimiento y experiencia.

Consiste en aplicar las teorías del aprendizaje y de como aprende el jugador a la práctica del entrenamiento para su mejora y su evolución.

No entiendo por qué después de tantas teorías y estudios, sobre todo de especialistas en el área física y de la enseñanza, se siguen promoviendo tareas en las que se les hace llegar al jugador estímulos que nada tienen que ver con el juego y generarle contextos para que resuelva situaciones que alejan al jugador de la realidad competitiva a la que se va a enfrentar... Y si, además, la respuesta es golpear un balón de otro tamaño, golpear con el balón un cono en el suelo, derribar un tubo o solo tiene una posible decisión/ejecución... ¿dónde está la mejora de la toma de decisión en el proceso de aprendizaje del voleibol cuando nada tiene que ver con el juego? Entendiendo la toma de decisión como la respuesta a un estímulo que identifique.

Puedo llegar a entender este tipo de tareas dentro de un intento de usarlas en la iniciación deportiva o con una intención lúdica pero no acabo de compartirlas para la especificidad del voleibol.

El Doctor Robin Jackson, profesor de la Brunel University realizó un escáner a un grupo de futbolistas profesionales y los sometió a una prueba denominada: test de oclusión corporal. Llevó a cabo el test para averiguar cómo los jugadores anticipan las acciones de sus adversarios. El sistema de neuronas espejo era el origen de la capacidad de anticipación. La capacidad de adaptación más rápida es entrenable como cualquier otra habilidad o capacidad.

La propuesta, atendiendo a lo anteriormente expuesto y buscando que los entrenamientos sean más productivos en las diferentes etapas de formación, es una aplicación practica de la neurociencia (algo científico) al entrenamiento (algo práctico) para la mejora en el juego de nuestros jugadores en la etapa en la que se encuentren, basada en la interpretación que podemos hacer los entrenadores de la base científica que aportan los estudios del cerebro durante el aprendizaje de los deportes, en este caso del voleibol.

En las tareas que vamos a desarrollar para una mejora del aprendizaje aplicando los beneficios de la neurociencia, los indicadores y estímulos serán propios del voleibol para que haya una mayor transferencia del trabajo. Hay una tendencia educativa muy fuerte afianzada en estos conceptos y cada día se ve más reflejada en la enseñanza de los deportes, pero que mal entendida puede llevar a errores y a no conseguir los resultados pretendidos. El objetivo es que el entrenamiento de nuestro cerebro esté relacionado con el voleibol y que las destrezas o avances que se consigan tengan repercusión directa en durante el juego (de los jugadores).

Estas tareas carecen de un contexto y el lector (entrenador) tendrá que condicionarlas en espacios y tiempos para conseguir el resultado requerido atendiendo a otros objetivos (sean secundarios o no) que se quiera alcanzar con la tarea: físicos, tácticos, de estrategia operativa... además de introducirlas en la parte que considere oportuno para llevarlas a cabo.

Hay que tener en cuenta que en el desarrollo del aprendizaje existen distintas etapas (debido a la evolución de los jugadores) y que los entrenadores tendremos que tomar como referencia la capacidad cognitiva de los mismos para poder elegir o adaptar las tareas que vamos a utilizar.

Aunque las tareas tengan un objetivo técnico o táctico, "no será lo importante". La finalidad de estas es que haya un entrenamiento de nuestro cerebro para que la decisión ante estímulos o adversidades nos de una respuesta efectiva (motriz), regulada por las emociones y que los jugadores sepan enfocarse en lo importante con una lectura o interpretación que los lleve a decidir sin reflexión, sobre la marcha, de manera intuitiva y se produzca un aprendizaje.

SIMBOLOGÍA

Jugadores Equipo A	
Jugadores Equipo B	
Entrenador	
Desplazamiento	
Trayectoria balón	
Remate	
Balón	

NEUROCIENCIA APLICADA AL VOLEIBOL

100

TAREAS PARA SU ENTRENAMIENTO

Tarea Nº 1	Objetivo	Mejora del remate
	Jugadores	2

Explicación

El jugador desde el fondo de la cancha enviará al colocador para que coloque el balón de manera aleatoria (el jugador no sabrá donde) para que remate.

Tarea Nº 2	Objetivo	Mejora del remate
	Jugadores	3

Explicación

La cancha marcada como en la imagen. El jugador desde el fondo de la cancha enviará al colocador para que coloque el balón de manera aleatoria (el jugador no sabrá donde) para que remate a la zona que no esté el jugador del otro equipo

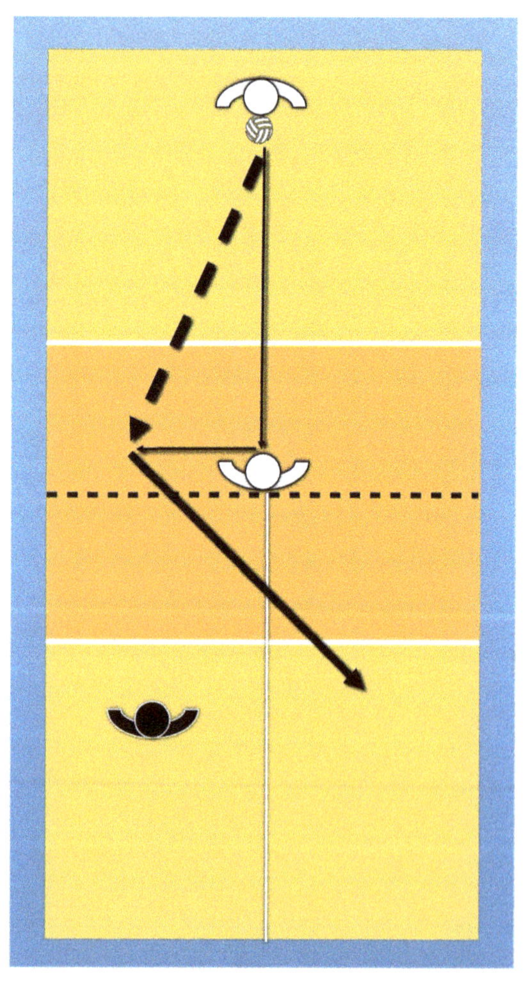

Tarea Nº 3	Objetivo	Mejora del remate
	Jugadores	3

Explicación

El jugador desde el fondo de la cancha enviará al colocador para que coloque el balón de manera aleatoria (el jugador no sabrá donde) para que remate a la zona de defensa o de ataque según donde no esté el jugador del otro equipo.

<table>
<tr><td rowspan="2">Tarea N° 4</td><td>Objetivo</td><td>Mejora del remate</td></tr>
<tr><td>Jugadores</td><td>2</td></tr>
<tr><td colspan="3">Explicación</td></tr>
</table>

El jugador desde la línea de ataque de la cancha enviará al colocador para que coloque el balón de manera aleatoria (el jugador no sabrá donde) para que remate.

Tarea Nº 5	Objetivo	Mejora del remate
	Jugadores	3

Explicación

La cancha marcada como en la imagen. El jugador desde el fondo de la cancha enviará al colocador para que coloque el balón hacia arriba para que remate a la zona que no hay jugadores del otro equipo que irá cambiando de manera aleatoria .

Tarea Nº 6	Objetivo	Mejora del remate
	Jugadores	3

Explicación

La cancha marcada como en la imagen. El jugador desde la línea de ataque de la cancha enviará al colocador para que coloque el balón hacia arriba para que remate a la zona que no hay jugadores del otro equipo que irá cambiando de manera aleatoria .

Tarea N° 7	Objetivo	Mejora del remate
	Jugadores	3

Explicación

El jugador desde el fondo de la cancha enviará al colocador para que coloque el balón hacia arriba para que remate a la zona de defensa o taque donde no esté el jugador del otro equipo que irá cambiando de manera aleatoria .

Tarea Nº 8	Objetivo	Mejora del remate
	Jugadores	3

Explicación

El jugador desde la línea de ataque de la cancha enviará al colocador para que coloque el balón hacia arriba para que remate a la zona de defensa o taque donde no esté el jugador del otro equipo que irá cambiando de manera aleatoria .

Tarea Nº 9	Objetivo	Mejora del remate
	Jugadores	4

Explicación

La cancha marcada como en la imagen. El jugador desde el fondo de la cancha enviará al colocador para que coloque el balón hacia arriba para que remate a la zona que no hay jugadores del otro equipo que irá cambiando de manera aleatoria .

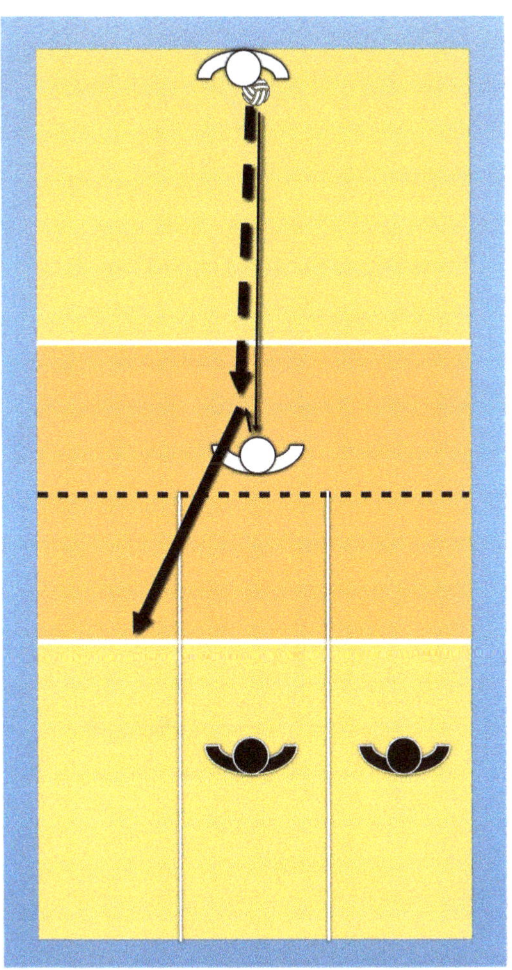

Tarea Nº 10	Objetivo	Mejora del remate
	Jugadores	3

Explicación

La cancha marcada como en la imagen. El jugador desde el fondo de la cancha enviará al colocador para que coloque el balón de manera aleatoria (el jugador no sabrá donde) para que remate a la zona que no hay jugadores del otro equipo que irá cambiando de manera aleatoria .

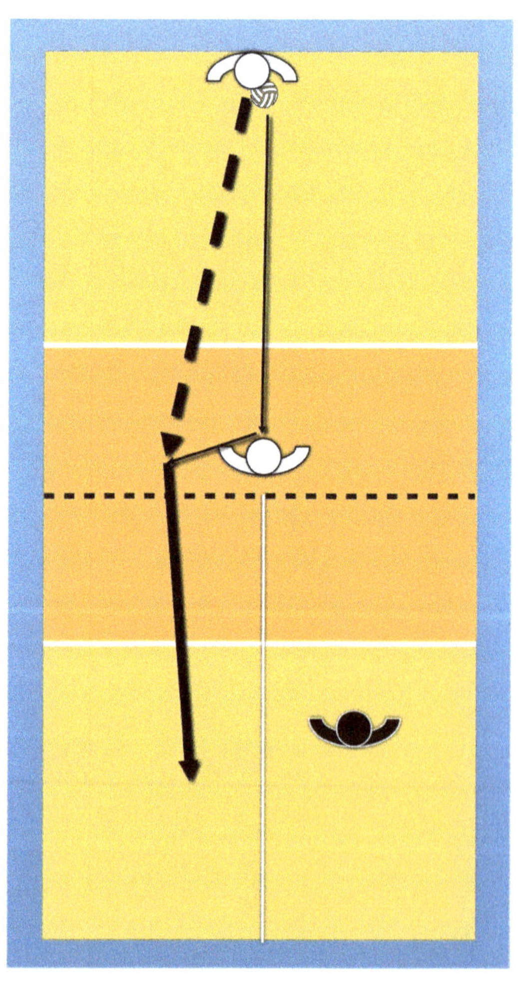

Tarea Nº 11	Objetivo	Mejora del remate
	Jugadores	4

Explicación

La cancha marcada como en la imagen. El jugador desde el fondo de la cancha enviará al colocador para que coloque el balón de manera aleatoria (el jugador no sabrá donde) para que remate a la zona que no hay jugadores del equipo contrario que irán cambiando de manera aleatoria.

Tarea Nº 12	Objetivo	Mejora del remate
	Jugadores	5

Explicación

Los jugadores distribuidos como en la imagen. El jugador desde el fondo de la cancha enviará al colocador para que coloque el balón hacia arriba para que remate. Un jugador del equipo contrario de manera aleatoria irá a bloquear y los otros dos a evitar que el balón toque el suelo.

Tarea Nº 13	Objetivo	Mejora del remate
	Jugadores	5

Explicación

Los jugadores distribuidos como en la imagen. El jugador desde el fondo de la cancha enviará al colocador para que coloque el balón hacia arriba para que remate. Dos jugador del equipo contrario de manera aleatoria irán a bloquear y el otro ira a evitar que el balón toque el suelo.

Tarea Nº 14	Objetivo	Mejora del remate
	Jugadores	5

Explicación

Los jugadores distribuidos como en la imagen. El jugador desde la línea de remate de la cancha enviará al colocador para que coloque el balón hacia arriba para que remate. Un jugador del equipo contrario de manera aleatoria irá a bloquear y los otros dos a evitar que el balón toque el suelo.

Tarea Nº 15	Objetivo	Mejora del remate
	Jugadores	5

Explicación

Los jugadores distribuidos como en la imagen. El jugador desde la línea de remate de la cancha enviará al colocador para que coloque el balón hacia arriba para que remate. Dos jugadores del equipo contrario de manera aleatoria irán a bloquear y el otro irá a evitar que el balón toque el suelo.

Tarea Nº 16	Objetivo	Mejora del remate
	Jugadores	5

Explicación

Los jugadores distribuidos como en la imagen. El jugador desde la línea de remate de la cancha enviará al colocador para que coloque el balón de manera aleatoria para que remate. Un jugador del equipo contrario de manera aleatoria irá a bloquear y los otros dos a evitar que el balón toque el suelo.

Tarea Nº 17	Objetivo	Mejora del remate
	Jugadores	5

Explicación

Los jugadores distribuidos como en la imagen. El jugador desde la línea de remate de la cancha enviará al colocador para que coloque el balón de manera aleatoria para que remate. Dos jugadores del equipo contrario de manera aleatoria irán a bloquear y el otro irá a evitar que el balón toque el suelo.

Tarea Nº 18	Objetivo	Mejora del remate
	Jugadores	5

Explicación

Los jugadores distribuidos como en la imagen. El jugador desde el fondo de la cancha enviará al colocador para que coloque el balón de manera aleatoria (el jugador no sabrá donde) para que remate. Un jugador del equipo contrario de manera aleatoria irá a bloquear y los otros dos a evitar que el balón toque el suelo.

Tarea Nº 19	Objetivo	Mejora del remate
	Jugadores	5

Explicación

Los jugadores distribuidos como en la imagen. El jugador desde el fondo de la cancha enviará al colocador para que coloque el balón de manera aleatoria (el jugador no sabrá donde) para que remate. Dos jugadores del equipo contrario de manera aleatoria irán a bloquear y el otro irá a evitar que el balón toque el suelo.

Tarea Nº 20	Objetivo	Mejora del remate
	Jugadores	4

Explicación

Los jugadores distribuidos como en la imagen. El jugador desde el fondo de la cancha enviará al colocador para que coloque el balón de manera aleatoria (el jugador no sabrá donde) para que remate. Uno o los dos jugadores del equipo contrario (de manera aleatoria) irán a bloquear y si alguno no va irá a evitar que el balón toque el suelo.

Tarea Nº 21	Objetivo	Mejora del remate
	Jugadores	4

Explicación

Los jugadores distribuidos como en la imagen. El jugador desde la línea de remate de la cancha enviará al colocador para que coloque el balón de manera alcatoria (el jugador no sabrá donde) para que remate. Uno o los dos jugadores del equipo contrario (de manera aleatoria) irán a bloquear y si alguno no va irá a evitar que el balón toque el suelo.

Tarea Nº 22	Objetivo	Mejora del remate
	Jugadores	5

Explicación

Los jugadores distribuidos como en la imagen. El jugador desde el fondo de la cancha enviará al colocador para que coloque el balón de manera aleatoria (el jugador no sabrá donde) para que remate. Uno o varios jugadores del equipo contrario (de manera aleatoria) irán a bloquear y los restantes irán a evitar que el balón toque el suelo.

Tarea Nº 23	Objetivo	Mejora del remate
	Jugadores	5

Explicación

Los jugadores distribuidos como en la imagen. El jugador desde la línea de remate de la cancha enviará al colocador para que coloque el balón de manera aleatoria (el jugador no sabrá donde) para que remate. Uno o varios jugadores del equipo contrario (de manera aleatoria) irán a bloquear y los restantes irán a evitar que el balón toque el suelo.

Tarea Nº 24	Objetivo	Mejora del remate
	Jugadores	6

Explicación

Los jugadores distribuidos como en la imagen. El jugador desde el fondo de la cancha enviará al colocador para que coloque el balón de manera aleatoria (el jugador no sabrá donde) para que remate. Uno o varios jugadores del equipo contrario (de manera aleatoria) irán a bloquear y los restantes irán a evitar que el balón toque el suelo.

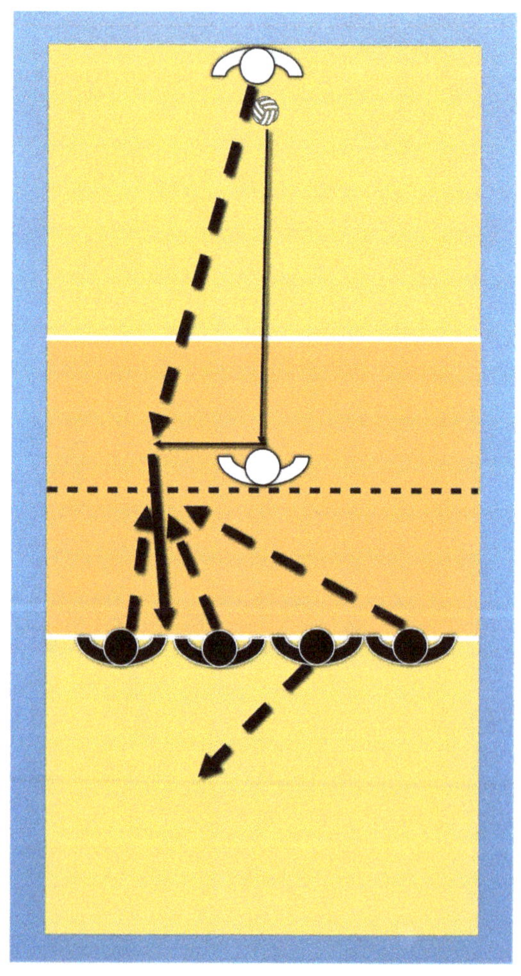

<table>
<tr><td rowspan="2">Tarea N° 25</td><td>Objetivo</td><td>Mejora del remate</td></tr>
<tr><td>Jugadores</td><td>6</td></tr>
<tr><td colspan="3">Explicación</td></tr>
</table>

Los jugadores distribuidos como en la imagen. El jugador desde la línea de remate de la cancha enviará al colocador para que coloque el balón de manera aleatoria (el jugador no sabrá donde) para que remate. Uno o varios jugadores del equipo contrario (de manera aleatoria) irán a bloquear y los restantes irán a evitar que el balón toque el suelo.

Tarea Nº 26	Objetivo	Mejora del toque de dedos
	Jugadores	2

Explicación

El jugador desde el fondo de la cancha enviará el balón a la zona de ataque (de manera aleatoria cada vez) y el jugador que está en ella irá a tocar de dedos hacia la cancha contraria.

Tarea Nº 27	Objetivo	Mejora del toque de dedos
	Jugadores	2

Explicación

El jugador desde la línea de ataque enviará el balón a la zona de ataque (de manera aleatoria cada vez) y el jugador que está en ella irá a tocar de dedos hacia la cancha contraria.

Tarea Nº 28	Objetivo	Mejora del toque de dedos
	Jugadores	2

Explicación

El jugador desde la línea de ataque enviará el balón a la zona de defensa (de manera aleatoria cada vez) y el jugador que está en ella irá a tocar de dedos hacia la cancha contraria.

Tarea Nº 29	Objetivo	Mejora del toque de dedos
	Jugadores	2

Explicación

El jugador desde la línea de ataque enviará el balón a cualquier lugar de la cancha de manera aleatoria y el otro jugador irá a tocar de dedos hacia el otro lado de la red.

Tarea Nº 30	Objetivo	Mejora del toque de dedos
	Jugadores	2

Explicación

El jugador desde la línea de ataque enviará el balón a la zona de defensa (de manera aleatoria cada vez) y el jugador que está en en la zona de ataque irá a tocar de dedos hacia la cancha contraria.

Tarea Nº 31	Objetivo	Mejora del toque de dedos
	Jugadores	2

Explicación

El jugador desde la zona de ataque enviará el balón a la zona de defensa (de manera aleatoria cada vez) y el jugador que está en en la línea de ataque irá a tocar de dedos hacia la cancha contraria.

Tarea N° 32	Objetivo	Mejora del toque de dedos
	Jugadores	2

Explicación

El jugador desde la línea de taque enviará el balón a la zona de defensa (de manera aleatoria cada vez) y el jugador que está junto a él irá a tocar de dedos hacia la cancha contraria.

Tarea Nº 33	Objetivo	Mejora del toque de dedos
	Jugadores	2

Explicación

El jugador desde la línea de ataque enviará el balón fuera de la cancha (de manera aleatoria cada vez) y el jugador que está junto a él irá a tocar de dedos hacia la cancha contraria.

Tarea Nº 34	Objetivo	Mejora del toque de dedos
	Jugadores	2

Explicación

El jugador desde la línea de taque enviará el balón a cualquier lugar de la cancha, de manera aleatoria cada vez, y el jugador el otro jugador irá a tocar de dedos hacia la cancha contraria.

Tarea Nº 35	Objetivo	Mejora del toque de dedos
	Jugadores	3

Explicación

La cancha marcada como en la imagen. El jugador desde el fondo de la cancha enviará al jugador cercano a la red para que toque de dedos hacia la mitad que no ocupe el contrario (que irá variando de manera aleatoria).

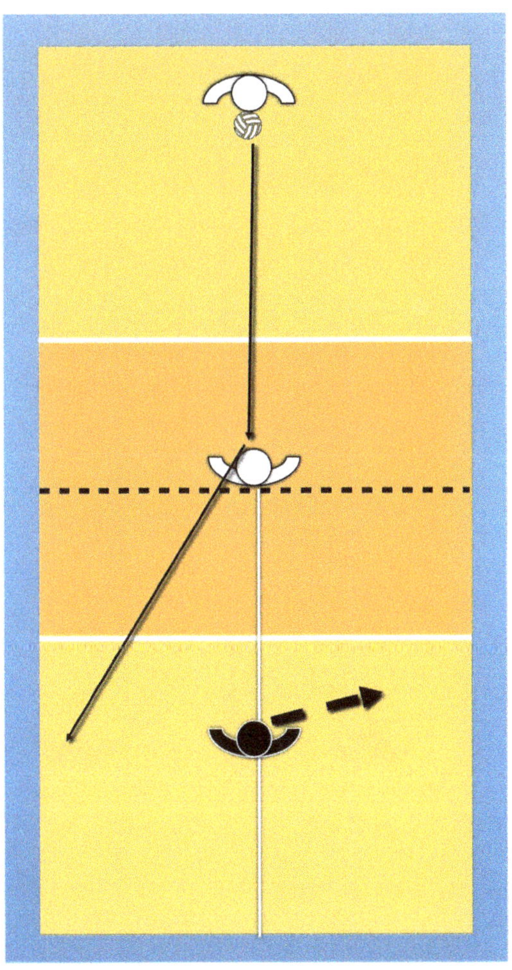

Tarea Nº 36	Objetivo	Mejora del toque de dedos
	Jugadores	4

Explicación

La cancha marcada como en la imagen. El jugador desde el fondo de la cancha enviará al jugador cercano a la red para que toque de dedos hacia zona que no ocupe el contrario (que irá variando de manera aleatoria).

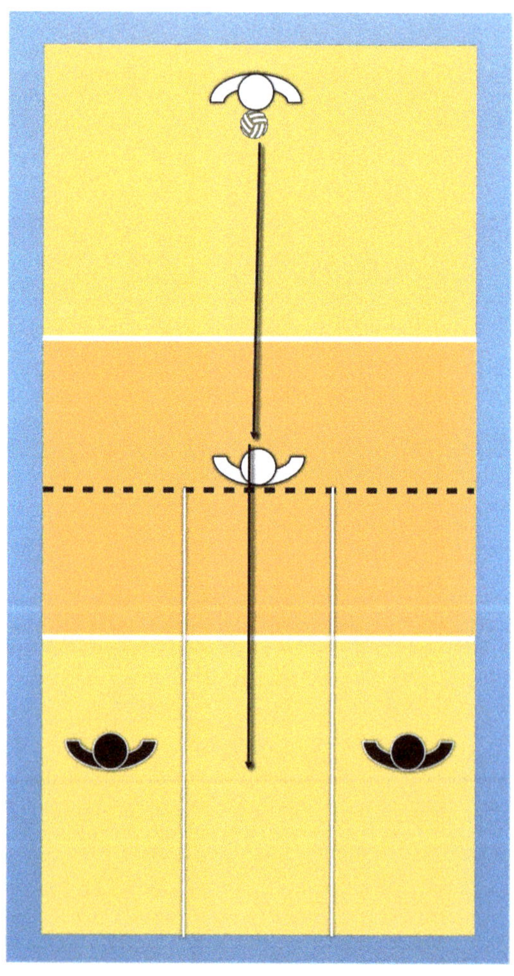

Tarea Nº 37	Objetivo	Mejora del toque de dedos
	Jugadores	4

Explicación

La cancha marcada como en la imagen. El jugador desde el fondo de la cancha enviará el balón a la zona de remate para que el jugador vaya a tocar de dedos hacia zona que no ocupe el contrario (que irá variando de manera aleatoria).

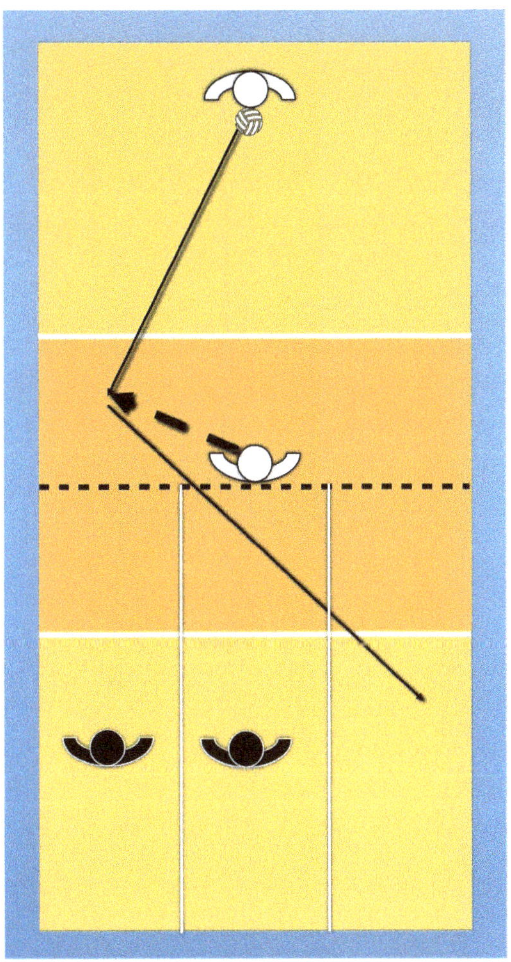

Tarea Nº 38	Objetivo	Mejora del toque de dedos
	Jugadores	3

Explicación

El jugador desde el fondo de la cancha enviará al jugador cercano a la red para que toque de dedos hacia zona de defensa o de ataque que no ocupe el contrario (que irá variando de manera aleatoria).

Tarea Nº 39	Objetivo	Mejora del toque de dedos
	Jugadores	3

Explicación

La cancha marcada como en la imagen. El jugador desde el fondo de la cancha enviará el balón a la zona de ataque (cada vez a un lugar diferente) y el jugador que está en ella irá a tocar de dedos hacia la mitad que no ocupe el contrario (que irá variando de manera aleatoria).

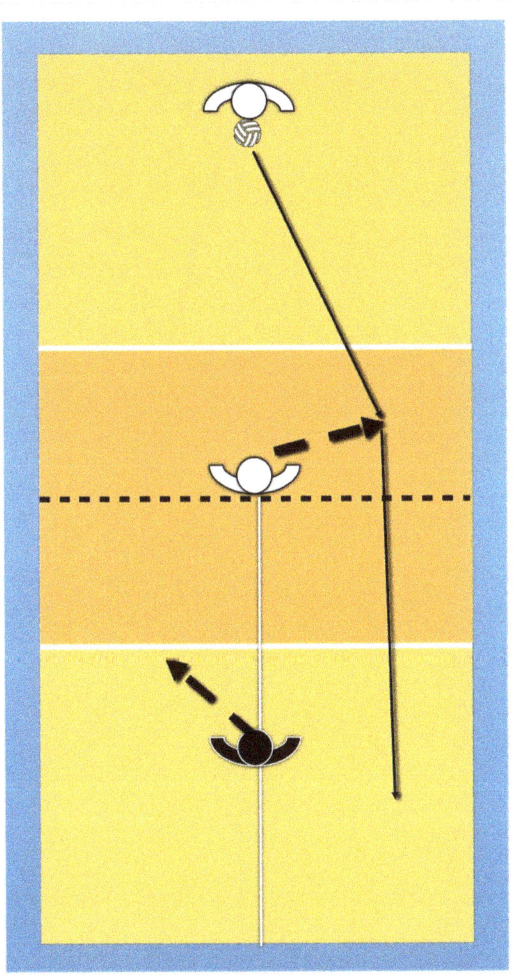

Tarea Nº 40	Objetivo	Mejora del toque de dedos
	Jugadores	3

Explicación

El jugador desde el fondo de la cancha enviará el balón a la zona de ataque (cada vez a un lugar diferente) y el jugador que está en ella irá a tocar de dedos hacia la zona de ataque o de defensa que no ocupe el contrario (que irá variando de manera aleatoria).

Tarea N° 41	Objetivo	Mejora del toque de dedos
	Jugadores	2

Explicación

El jugador del fondo de la cancha enviará al jugador más cercano a la red para que toque de dedos el balón hacia donde se dirija de manera aleatoria (el jugador no sabrá donde) para rematar.

Tarea Nº 42	Objetivo	Mejora del toque de dedos
	Jugadores	2

Explicación

El jugador del fondo de la cancha enviará el balón a la zona de ataque para que el jugador que está en ella toque de dedos el balón hacia donde se dirija de manera aleatoria (el jugador no sabrá donde) para rematar.

Tarea Nº 43	Objetivo	Mejora del toque de dedos
	Jugadores	4

Explicación

Uno de los jugadores del fondo de la cancha enviará el balón al jugador más cercano a la red para que toque de dedos el balón hacia el jugador que se dirija de manera aleatoria para rematar (el jugador no sabrá cual será en cada ocasión).

Tarea Nº 44	Objetivo	Mejora del toque de dedos
	Jugadores	4

Explicación

El jugador de la línea de ataque de la cancha enviará el balón al jugador más cercano a la red para que toque de dedos el balón hacia el jugador que se dirija de manera aleatoria a la zona de remate para rematar (el jugador no sabrá cual será en cada ocasión).

Tarea Nº 45	Objetivo	Mejora del toque de dedos
	Jugadores	4

Explicación

El jugador de la línea de ataque de la cancha enviará el balón hacia la zona de remate y el jugador más cercano a la red tocará de dedos el balón hacia el jugador que se dirija de manera aleatoria a la zona de remate para rematar (el jugador no sabrá cual será en cada ocasión).

Tarea Nº 46	Objetivo	Mejora del toque de dedos
	Jugadores	4

Explicación

Uno de los jugadores del fondo de la cancha enviará el balón hacia la zona de ataque para que el jugador que está en ella toque de dedos hacia el jugador que se dirija de manera aleatoria para rematar (el jugador no sabrá cual será en cada ocasión).

Tarea Nº 47	Objetivo	Mejora del toque de dedos
	Jugadores	4

Explicación

Los jugadores distribuidos como en la imagen. Uno de los jugadores enviará el balón al jugador más cercano a la red para que toque de dedos el balón hacia el jugador que se dirija de manera aleatoria para rematar (el jugador no sabrá cual será en cada ocasión).

Tarea Nº 48	Objetivo	Mejora del toque de dedos
	Jugadores	4

Explicación

Los jugadores distribuidos como en la imagen. Uno de los jugadores enviará el balón al jugador más cercano a la red para que toque de dedos el balón hacia el jugador que se dirija de manera aleatoria para rematar (el jugador no sabrá cual será en cada ocasión).

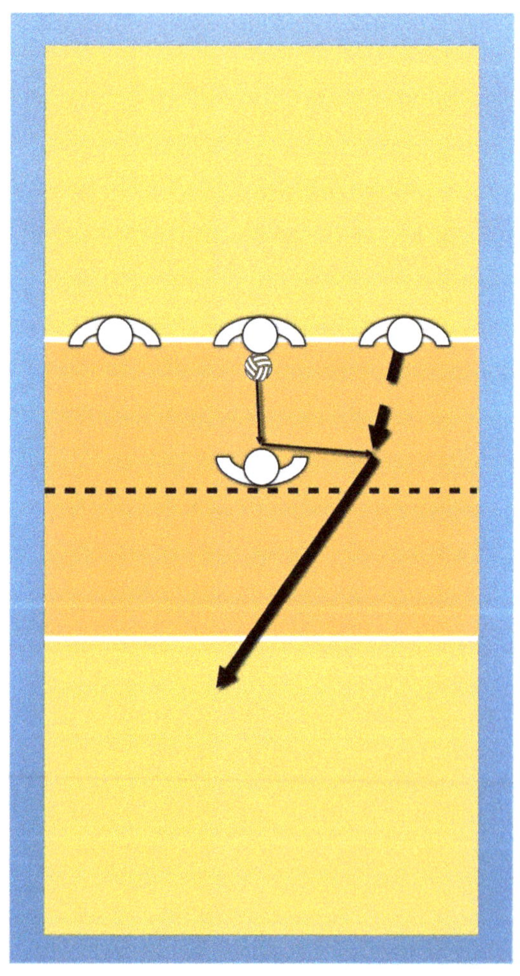

Tarea Nº 49	Objetivo	Mejora del toque de dedos
	Jugadores	6

Explicación

La cancha marcada como en la imagen y los jugadores distribuidos como en la imagen. Uno de los jugadores enviará el balón al jugador más cercano a la red para que toque de dedos el balón hacia el jugador que no vayan a bloquear el remate (irá cambiando de manera aleatoria)

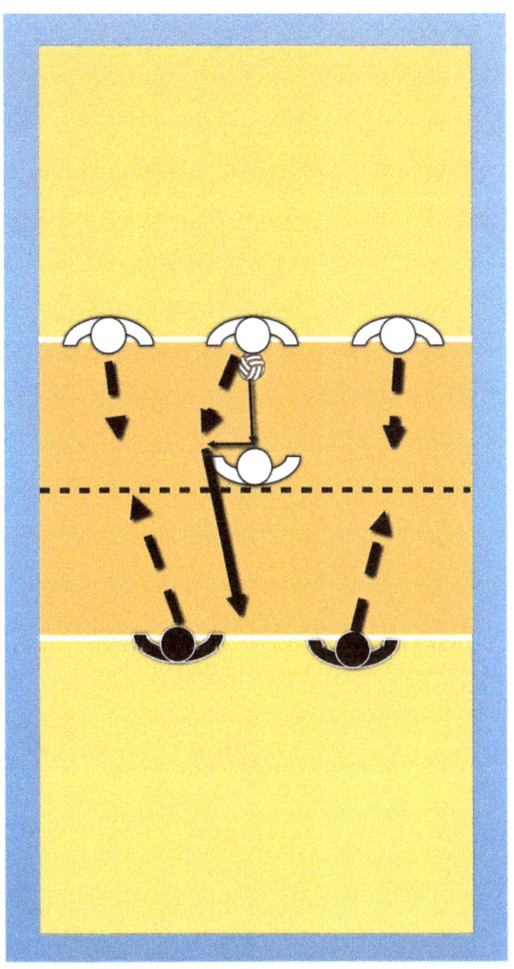

Tarea Nº 50	Objetivo	Mejora del toque de dedos
	Jugadores	6

Explicación

La cancha marcada como en la imagen y los jugadores distribuidos como en la imagen. Uno de los jugadores enviará el balón al jugador más cercano a la red para que toque de dedos el balón hacia el jugador que no tenga contrario enfrente para rematar (irán cambiando de manera aleatoria)

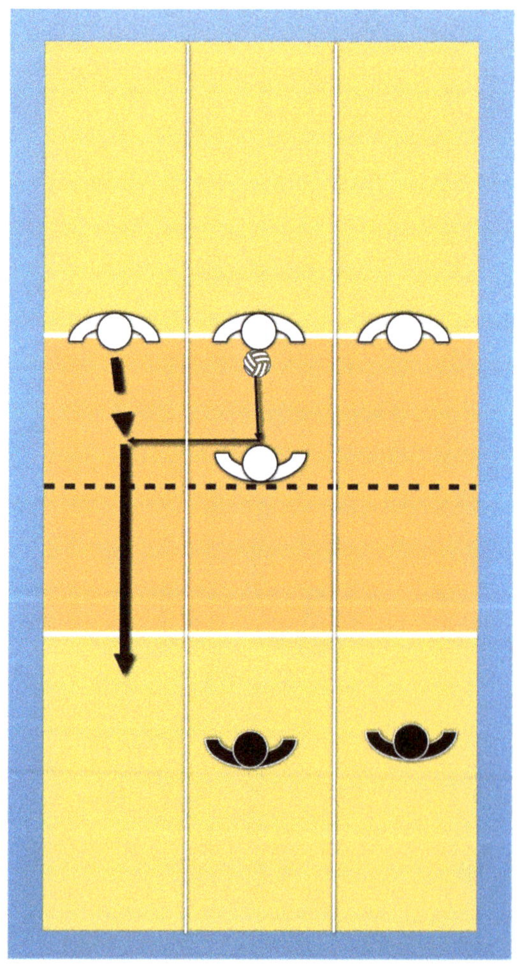

Tarea Nº 51	Objetivo	Mejora del toque de dedos
	Jugadores	2

Explicación

Dos Jugadores jugarán un partido en el que solo podrán tocar de dedos el balón.

Tarea Nº 52	Objetivo	Mejora del toque de dedos
	Jugadores	4
Explicación		

Dos equipos de dos jugadores jugarán un partido en el que solo podrán tocar de dedos el balón.

Tarea Nº 53	Objetivo	Mejora del toque de dedos
	Jugadores	12

Explicación

Dos equipos jugarán un partido en el que solo podrán tocar de dedos el balón.

Tarea Nº 54	Objetivo	Mejora del golpeo de antebrazos
	Jugadores	2

Explicación

El jugador desde el fondo de la cancha enviará el balón a la zona de ataque (de manera aleatoria cada vez) y el jugador que está en ella irá a golpear de antebrazos hacia la cancha contraria.

Tarea Nº 55	Objetivo	Mejora del golpeo de antebrazos
	Jugadores	2

Explicación

El jugador desde la línea de ataque enviará el balón a la zona de defensa (de manera aleatoria cada vez) y el jugador que está en ella irá a golpear de antebrazos hacia la cancha contraria.

Tarea Nº 56	Objetivo	Mejora del golpeo de antebrazos
	Jugadores	2 (1+E)

Explicación

El entrenador desde el otro lado de la red enviará el balón a la zona de defensa (de manera aleatoria cada vez) y el jugador que está en ella irá a golpear de antebrazos hacia la cancha contraria.

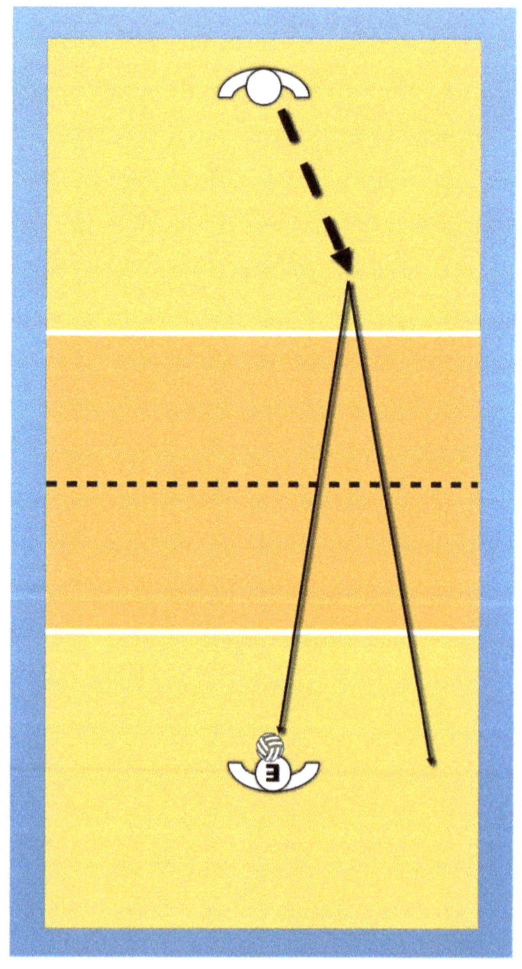

Tarea Nº 57	Objetivo	Mejora del golpeo de antebrazos
	Jugadores	2 (1+E)

Explicación

El entrenador desde el otro lado de la red enviará el balón a la zona de defensa (de manera aleatoria cada vez) y el jugador que está en la zona de ataque irá a golpear de antebrazos hacia la cancha contraria.

Tarea Nº 58	Objetivo	Mejora del golpeo de antebrazos
	Jugadores	2 (1+E)

Explicación

El entrenador desde el otro lado de la red enviará el balón a cualquier lugar de la cancha (de manera aleatoria cada vez) y el jugador irá a golpear de antebrazos hacia la cancha contraria.

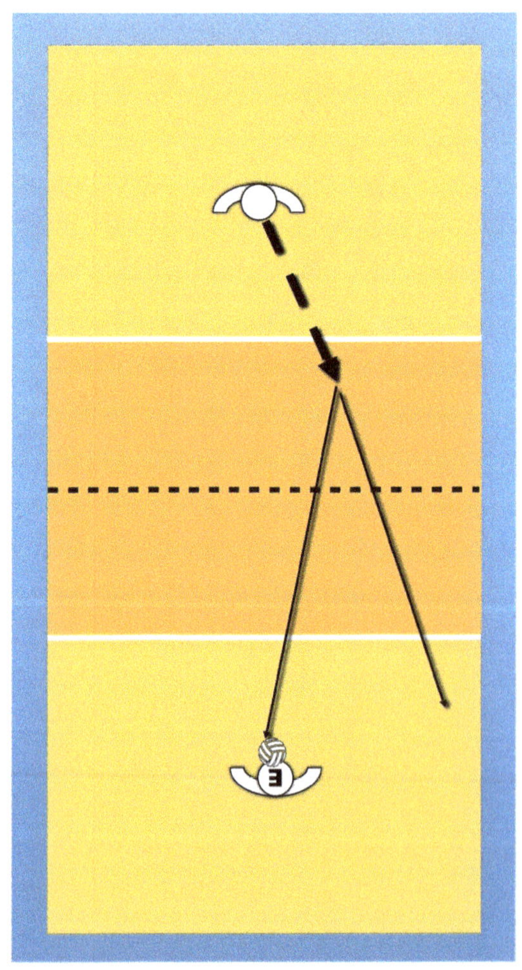

<table>
<tr><td rowspan="2">Tarea
Nº 59</td><td>Objetivo</td><td>Mejora del golpeo de antebrazos</td></tr>
<tr><td>Jugadores</td><td>2</td></tr>
<tr><td colspan="3">Explicación</td></tr>
</table>

El jugador desde la línea de ataque enviará el balón a cualquier lugar de la cancha de manera aleatoria y el otro jugador irá a golpear de antebrazos hacia el otro lado de la red.

Tarea Nº 60	Objetivo	Mejora del golpeo de antebrazos
	Jugadores	2

Explicación

El jugador desde la línea de ataque enviará el balón a la zona de defensa (de manera aleatoria cada vez) y el jugador que está en en la zona de ataque irá golpear de antebrazos hacia la cancha contraria.

Tarea Nº 61	Objetivo	Mejora del golpeo de antebrazos
	Jugadores	2

Explicación

El jugador desde la zona de ataque enviará el balón a la zona de defensa (de manera aleatoria cada vez) y el jugador que está en en la línea de ataque irá a golpear de antebrazos hacia la cancha contraria.

Tarea Nº 62	Objetivo	Mejora del golpeo de antebrazos
	Jugadores	2

Explicación

El jugador desde la línea de taque enviará el balón a la zona de defensa (de manera aleatoria cada vez) y el jugador que está junto a él irá a golpear de antebrazos hacia la cancha contraria.

Tarea Nº 63	Objetivo	Mejora del golpeo de antebrazos
	Jugadores	2

Explicación

El jugador desde la línea de ataque enviará el balón fuera de la cancha (de manera aleatoria cada vez) y el jugador que está junto a él irá a golpear de antebrazos hacia la cancha contraria.

Tarea Nº 64	Objetivo	Mejora del golpeo de antebrazos
	Jugadores	2

Explicación

El jugador desde la línea de taque enviará el balón a cualquier lugar de la cancha, de manera aleatoria cada vez, y el jugador el otro jugador irá a golpear de antebrazos hacia la cancha contraria.

Tarea Nº 65	Objetivo	Mejora del golpeo de antebrazos
	Jugadores	3

Explicación

La cancha marcada como en la imagen. El jugador desde el fondo de la cancha enviará al jugador cercano a la red para que golpee de antebrazos hacia la mitad que no ocupe el contrario (que irá variando de manera aleatoria).

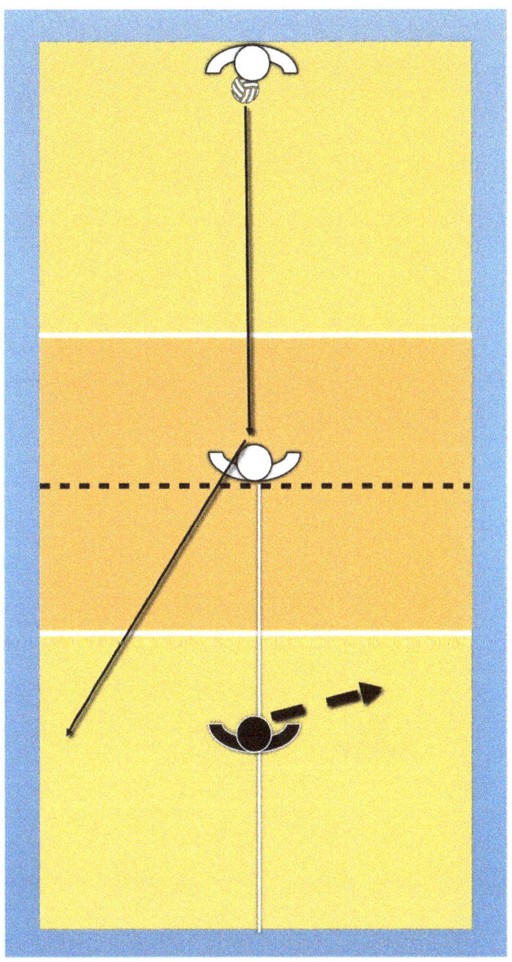

Tarea Nº 66	Objetivo	Mejora del golpeo de antebrazos
	Jugadores	4

Explicación

La cancha marcada como en la imagen. El jugador desde el fondo de la cancha enviará al jugador cercano a la red para que golpee de antebrazos hacia zona que no ocupe el contrario (que irá variando de manera aleatoria).

Tarea Nº 67	Objetivo	Mejora del golpeo de antebrazos
	Jugadores	4

Explicación

La cancha marcada como en la imagen. El jugador desde el fondo de la cancha enviará al jugador cercano a la red para que golpee de antebrazos hacia zona que no se dirijan los jugadores del otro equipo (que irá variando de manera aleatoria).

Tarea Nº 68	Objetivo	Mejora del golpeo de antebrazos
	Jugadores	4

Explicación

La cancha marcada como en la imagen. El jugador desde el fondo de la cancha enviará el balón a la zona de remate para que el jugador vaya a golpear de antebrazos hacia zona que no ocupe el contrario (que irá variando de manera aleatoria).

Tarea Nº 69	Objetivo	Mejora del golpeo de antebrazos
	Jugadores	4

Explicación

La cancha marcada como en la imagen. El jugador desde el fondo de la cancha enviará el balón a la zona de remate para que el jugador vaya a golpear de antebrazos hacia zona que no se dirijan los jugadores del quipo contrario (que irá variando de manera aleatoria).

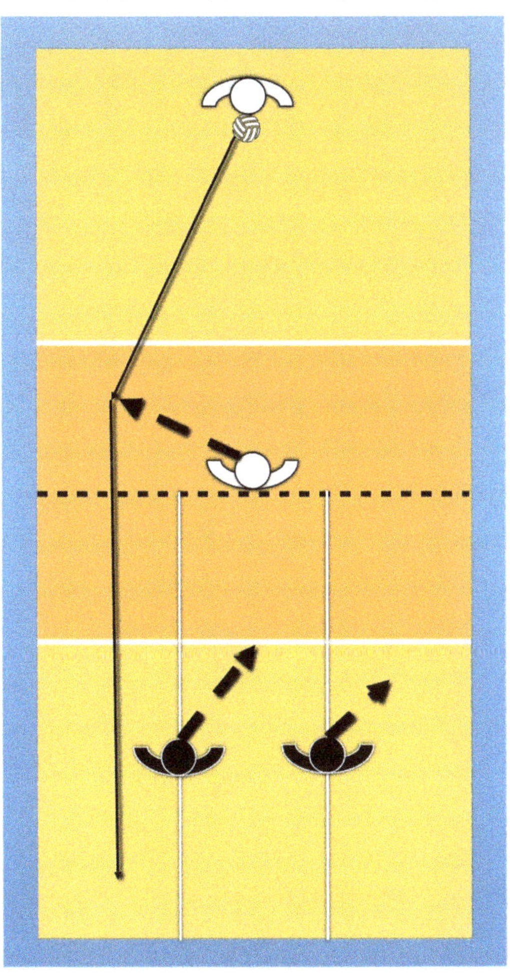

Tarea Nº 70	Objetivo	Mejora del golpeo de antebrazos
	Jugadores	3

Explicación

El jugador desde el fondo de la cancha enviará al jugador cercano a la red para que golpee de antebrazos hacia zona de defensa o de ataque que no ocupe el contrario (que irá variando de manera aleatoria).

Tarea Nº 71	Objetivo	Mejora del golpeo de antebrazos
	Jugadores	3

Explicación

La cancha marcada como en la imagen. El jugador desde el fondo de la cancha enviará el balón a la zona de ataque (cada vez a un lugar diferente) y el jugador que está en ella irá a golpear de antebrazos hacia la mitad que no ocupe el contrario (que irá variando de manera aleatoria).

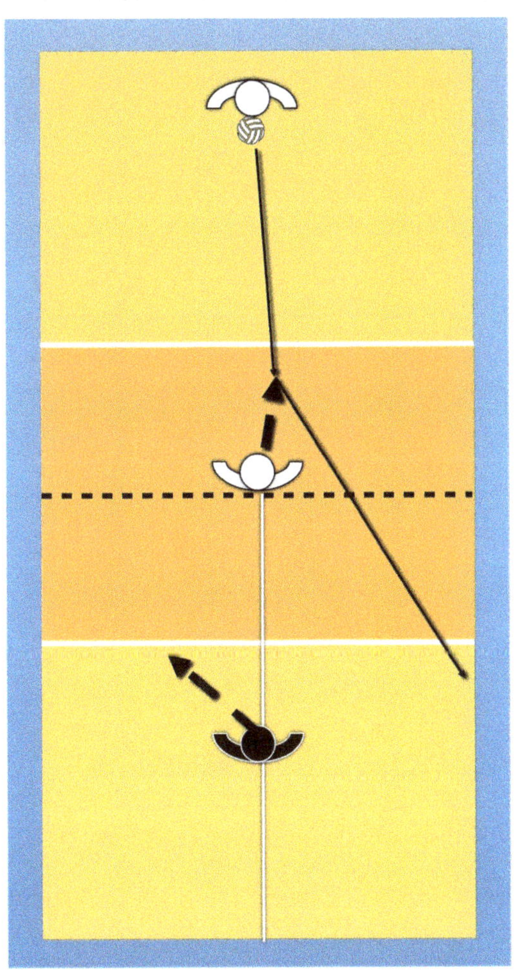

Tarea Nº 72	Objetivo	Mejora del golpeo de antebrazos
	Jugadores	3

Explicación

El jugador desde el fondo de la cancha enviará el balón a la zona de ataque (cada vez a un lugar diferente) y el jugador que está en ella irá a golpear de antebrazos hacia la zona de ataque o de defensa que no ocupe el contrario (que irá variando de manera aleatoria).

Tarea Nº 73	Objetivo	Mejora del golpeo de antebrazos
	Jugadores	2

Explicación

El jugador del fondo de la cancha enviará al jugador más cercano a la red para que golpee de antebrazos el balón hacia donde se dirija de manera aleatoria (el jugador no sabrá donde) para rematar.

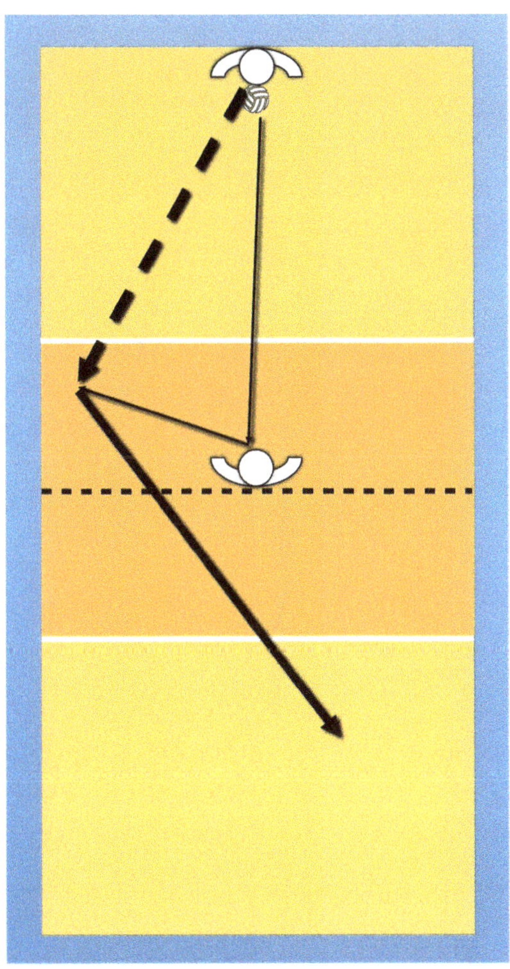

Tarea Nº 74	Objetivo	Mejora del golpeo de antebrazos
	Jugadores	2

Explicación

El jugador del fondo de la cancha enviará el balón a la zona de ataque para que el jugador que está en ella golpee de antebrazos el balón hacia donde se dirija de manera aleatoria (el jugador no sabrá donde) para rematar.

<table>
<tr><td rowspan="2">Tarea
Nº 75</td><td>Objetivo</td><td>Mejora del golpeo de antebrazos</td></tr>
<tr><td>Jugadores</td><td>4</td></tr>
<tr><td colspan="3">Explicación</td></tr>
</table>

Uno de los jugadores del fondo de la cancha enviará el balón al jugador más cercano a la red para que golpee de antebrazos el balón hacia el jugador que se dirija de manera aleatoria para rematar (el jugador no sabrá cual será en cada ocasión).

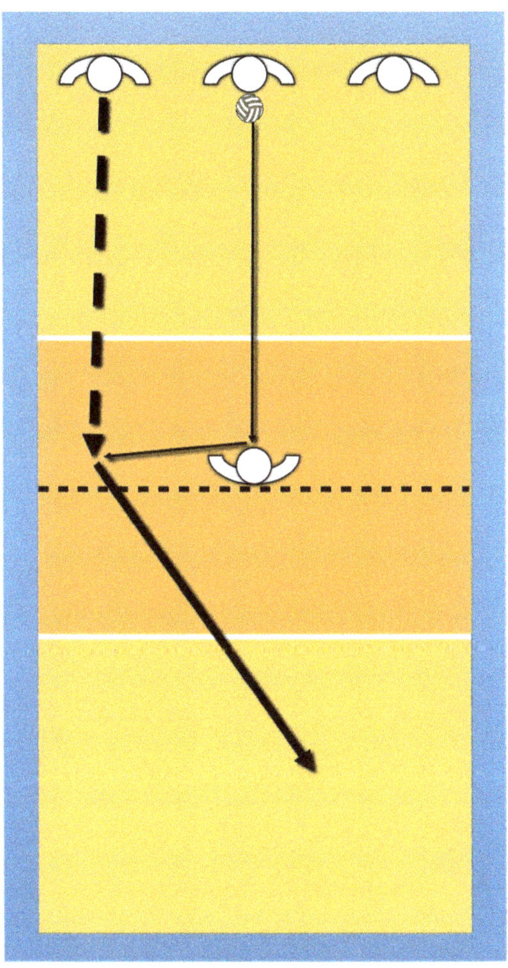

Tarea Nº 76	Objetivo	Mejora del golpeo de antebrazos
	Jugadores	4

Explicación

El jugador de la línea de ataque de la cancha enviará el balón al jugador más cercano a la red para que golpee de antebrazos el balón hacia el jugador que se dirija de manera aleatoria a la zona de remate para rematar (el jugador no sabrá cual será en cada ocasión).

Tarea Nº 77	Objetivo	Mejora del golpeo de antebrazos
	Jugadores	4

Explicación

El jugador de la línea de ataque de la cancha enviará el balón hacia la zona de remate y el jugador más cercano a la red golpeará de antebrazos el balón hacia el jugador que se dirija de manera aleatoria a la zona de remate para rematar (el jugador no sabrá cual será en cada ocasión).

Tarea N° 78	Objetivo	Mejora del golpeo de antebrazos
	Jugadores	4

Explicación

Uno de los jugadores del fondo de la cancha enviará el balón hacia la zona de ataque para que el jugador que está en ella golpee de antebrazos hacia el jugador que se dirija a la red de manera aleatoria (el jugador no sabrá cual será en cada ocasión).

Tarea Nº 79	Objetivo	Mejora del golpeo de antebrazos
	Jugadores	4

Explicación

Los jugadores distribuidos como en la imagen. Uno de los jugadores enviará el balón al jugador más cercano a la red para que golpee de antebrazos el balón hacia el jugador que se dirija a la red de manera aleatoria (el jugador no sabrá cual será en cada ocasión).

Tarea Nº 80	Objetivo	Mejora del golpeo de antebrazos
	Jugadores	4 (3+E)

Explicación

Los jugadores distribuidos como en la imagen. El entrenador enviará el balón al jugador de la zona de defensa para que golpee de antebrazos el balón hacia el jugador que se dirija de manera aleatoria a la red (el jugador no sabrá cual será en cada ocasión).

Tarea Nº 81	Objetivo	Mejora del golpeo de antebrazos
	Jugadores	4 (3+E)

Explicación

Los jugadores distribuidos como en la imagen. El entrenador enviará el balón al jugador de la zona de defensa para que golpee de antebrazos el balón hacia el jugador que se dirija de manera aleatoria a la red (el jugador no sabrá cual será en cada ocasión).

Tarea Nº 82	Objetivo	Mejora del golpeo de antebrazos
	Jugadores	4 (3+E)

Explicación

Los jugadores distribuidos como en la imagen. El entrenador enviará el balón a la zona de defensa para que el jugador vaya a golpear de antebrazos el balón hacia el jugador que se dirija de manera aleatoria a la red (el jugador no sabrá cual será en cada ocasión).

Tarea Nº 83	Objetivo	Mejora del golpeo de antebrazos
	Jugadores	6

Explicación

La cancha marcada como en la imagen y los jugadores distribuidos como en la imagen. Uno de los jugadores enviará el balón al jugador más cercano a la red para que golpee de antebrazos el balón hacia el jugador que no vayan a bloquear el remate (irá cambiando de manera aleatoria)

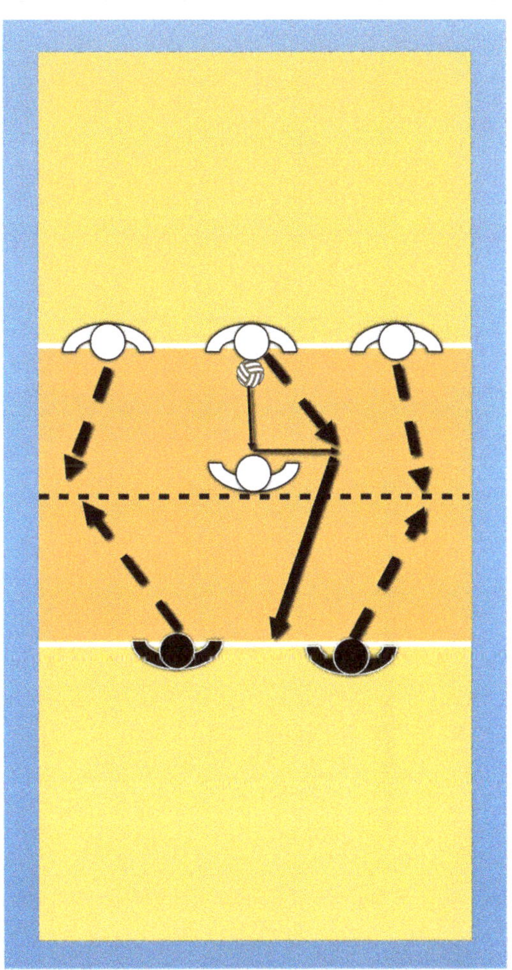

Tarea Nº 84	Objetivo	Mejora del golpeo de antebrazos
	Jugadores	6

Explicación

La cancha marcada como en la imagen y los jugadores distribuidos como en la imagen. Uno de los jugadores enviará el balón al jugador más cercano a la red para que golpee de antebrazos el balón hacia el jugador que no tenga contrario enfrente para rematar (irán cambiando de manera aleatoria)

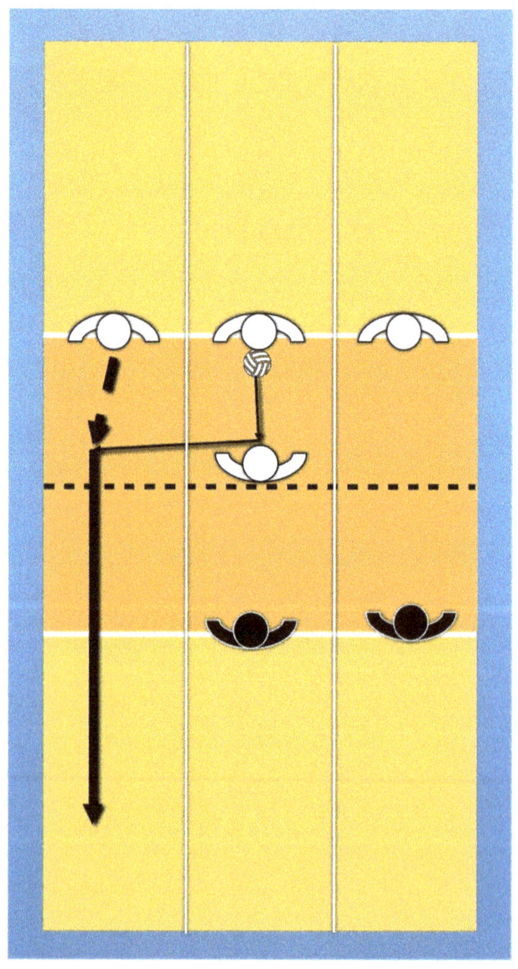

Tarea Nº 85	Objetivo	Mejora del bloqueo
	Jugadores	3 (1x1+E)

Explicación

Los jugadores distribuidos como en la imagen. El jugador desde la línea de ataque tendrá que ir a bloquear al jugador del otro equipo dónde le coloque el balón el entrenador de manera aleatoria

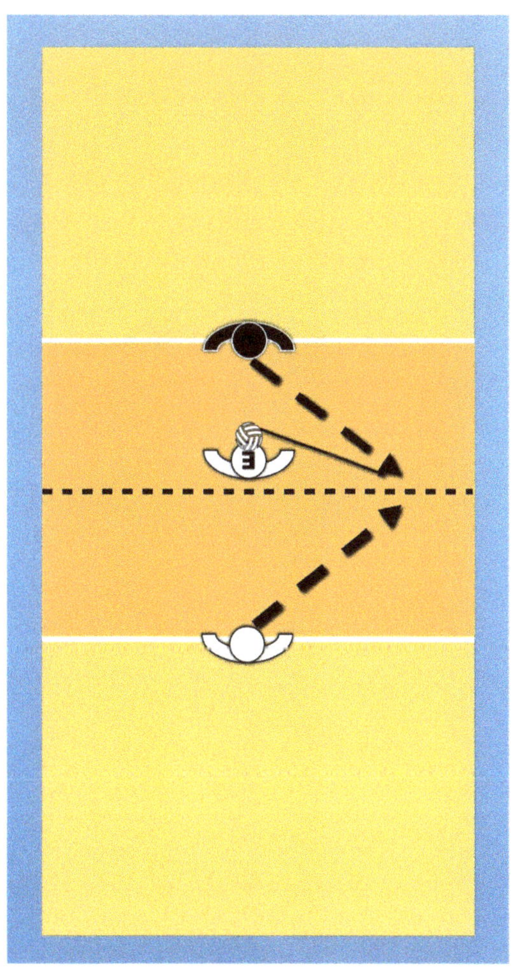

Tarea Nº 86	Objetivo	Mejora del bloqueo
	Jugadores	4 (1x2+E)

Explicación

Los jugadores distribuidos como en la imagen. El jugador desde la línea de ataque tendrá que ir a bloquear al jugador del otro equipo al que le coloque el balón el entrenador de manera aleatoria

Tarea Nº 87	Objetivo	Mejora del bloqueo
	Jugadores	4 (1x2+E)

Explicación

Los jugadores distribuidos como en la imagen. El jugador desde la línea de ataque tendrá que ir a bloquear al jugador del otro equipo al que le coloque el balón el entrenador de manera aleatoria

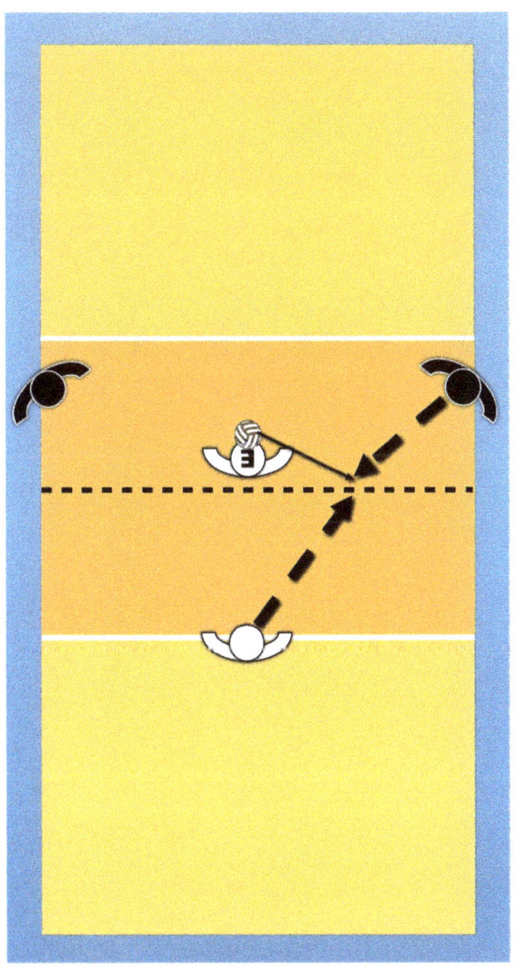

Tarea Nº 88	Objetivo	Mejora del bloqueo
	Jugadores	5 (1x3+E)

Explicación

Los jugadores distribuidos como en la imagen. El jugador desde la línea de ataque tendrá que ir a bloquear al jugador del otro equipo al que le coloque el balón el entrenador de manera aleatoria

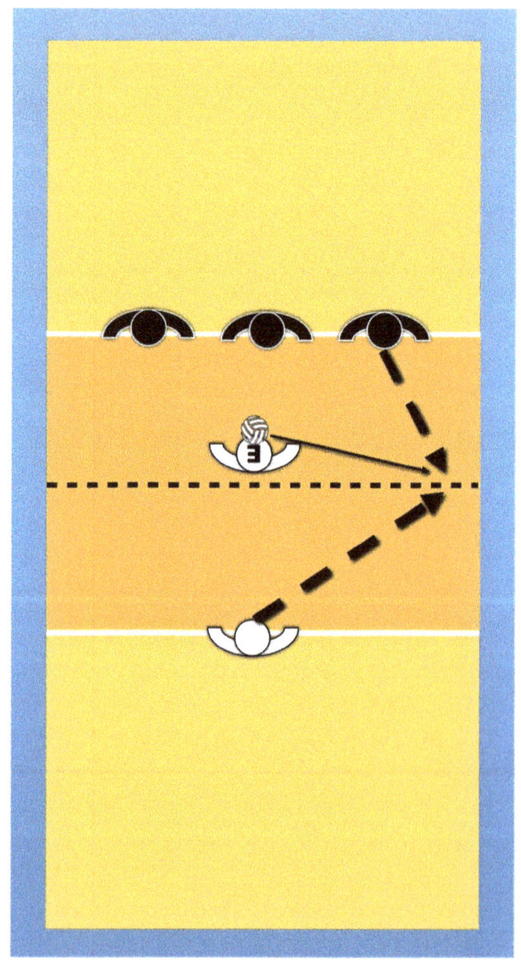

Tarea Nº 89	Objetivo	Mejora del bloqueo
	Jugadores	5 (1x3+E)

Explicación

Los jugadores distribuidos como en la imagen. El jugador desde la la línea de ataque tendrá que ir a bloquear al jugador del otro equipo que remate de los dos jugadores que se adelanten a rematar de manera aleatoria.

Tarea Nº 90	Objetivo	Mejora del bloqueo
	Jugadores	3 (1x1+E)

Explicación

Los jugadores distribuidos como en la imagen. El jugador desde la zona de ataque tendrá que ir a bloquear al jugador del otro equipo dónde le coloque el balón el entrenador de manera aleatoria

Tarea Nº 91	Objetivo	Mejora del bloqueo
	Jugadores	4 (1x2+E)

Explicación

Los jugadores distribuidos como en la imagen. El jugador desde la zona de ataque tendrá que ir a bloquear al jugador del otro equipo al que le coloque el balón el entrenador de manera aleatoria

Tarea Nº 92	Objetivo	Mejora del bloqueo
	Jugadores	5 (1x3+E)

Explicación

Los jugadores distribuidos como en la imagen. El jugador desde la zona de ataque tendrá que ir a bloquear al jugador del otro equipo al que le coloque el balón el entrenador de manera aleatoria.

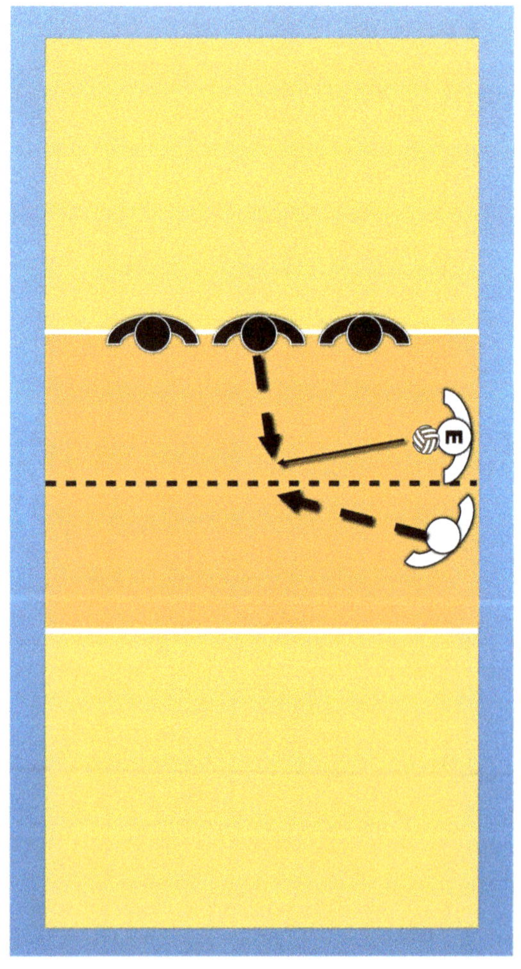

Tarea Nº 93	Objetivo	Mejora del bloqueo
	Jugadores	5 (1x3+E)

Explicación

Los jugadores distribuidos como en la imagen. El jugador desde la zona de ataque tendrá que ir a bloquear al jugador del otro equipo que remate de los dos jugadores que se adelanten a rematar de manera aleatoria.

Tarea Nº 94	Objetivo	Mejora del bloqueo
	Jugadores	4 (1x3)

Explicación

Los jugadores distribuidos como en la imagen. El jugador desde la línea de ataque tendrá que ir a bloquear al jugador del otro equipo que remate. Tendrán tres golpeos para poder rematar.

Tarea Nº 95	Objetivo	Mejora del bloqueo
	Jugadores	6 (3x3)

Explicación

Los jugadores distribuidos como en la imagen. Partido (3x3) en el que los jugadores no podrán salir de su zona. Cada jugador solo podrá bloquear dentro de su zona.

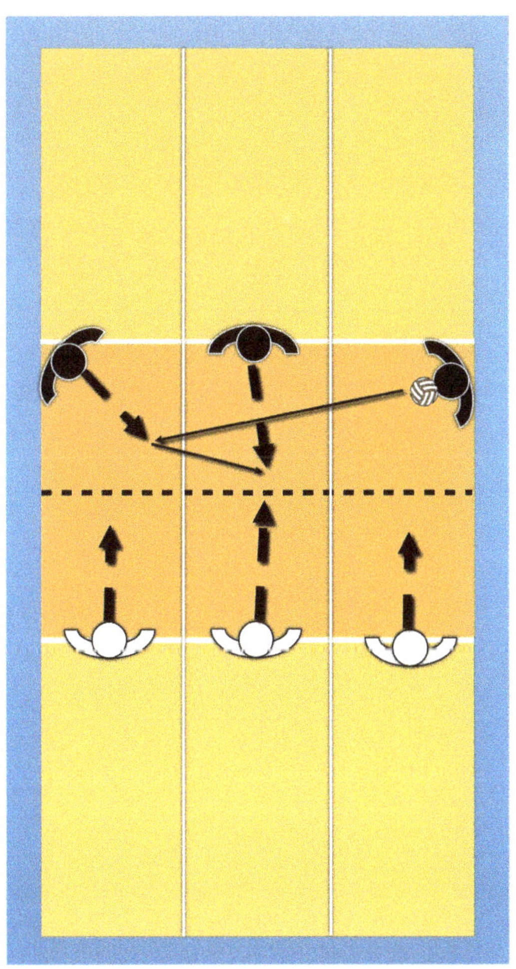

Tarea Nº 96	Objetivo	Mejora del bloqueo
	Jugadores	6 (3x3)

Explicación

Los jugadores distribuidos como en la imagen. Partido (3x3) en el que los jugadores sólo podrán salir de su zona cuando esté el balón en su campo. Cada jugador solo podrá bloquear dentro de su zona.

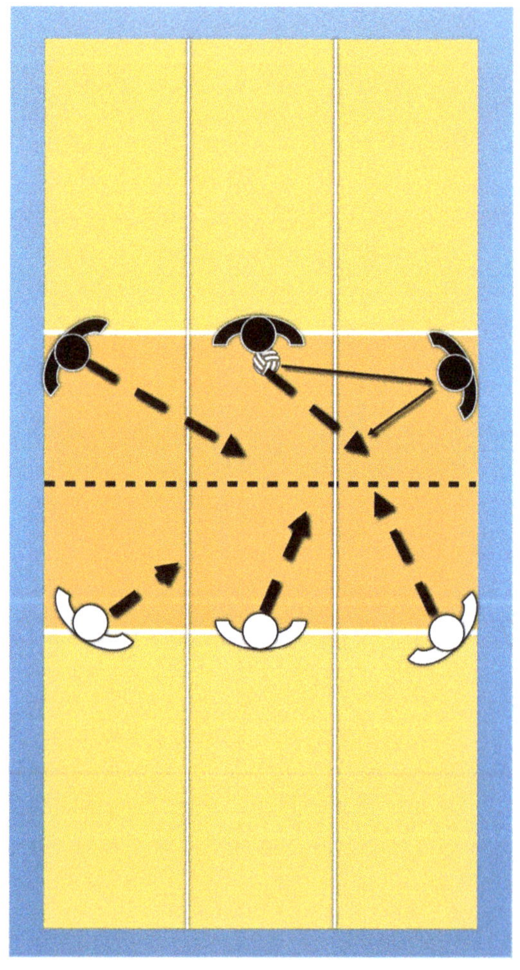

Tarea Nº 97	Objetivo	Mejora del bloqueo
	Jugadores	6 (3x3)

Explicación

Los jugadores distribuidos como en la imagen. Partido (3x3) en el que los jugadores sólo podrán salir de su zona para bloquear.

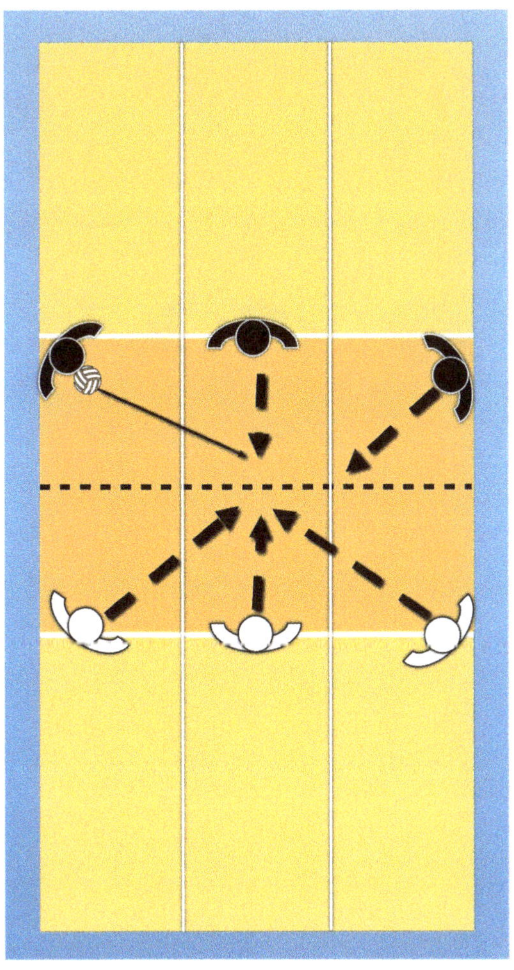

Tarea Nº 98	Objetivo	Mejora del bloqueo
	Jugadores	12 (6x6)

Explicación

Los jugadores distribuidos como en la imagen. Partido en el que solo dos jugadores podrán estar en la zona de ataque para realizar bloqueos.

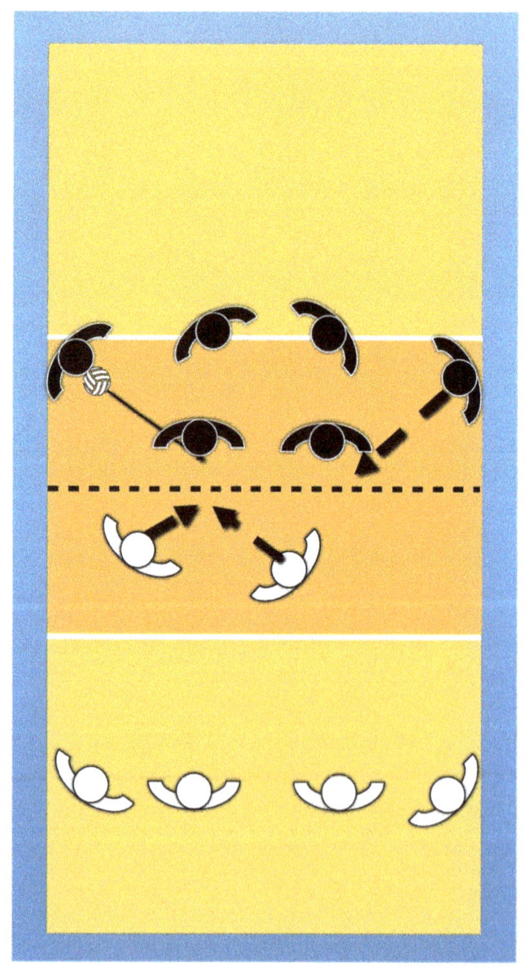

Tarea Nº 99	Objetivo	Mejora del saque
	Jugadores	12 (6x6)

Explicación

Los equipos jugarán un partido en el que cuando saquen el equipo contrario deberá dejar una zona con un solo jugador.

Tarea Nº 100	Objetivo	Mejora del saque
	Jugadores	12 (6x6)
Explicación		

Los equipos jugarán un partido en el que cuando saquen se enfrentarán a distintas estructuras defensivas del rival.

BIBLIOGRAFÍA

- Alarcón, F.; Cárdenas, D.; Clemente, V.; Collado, J. A. (Coord.); Guillén, J. C.; Jiménez, M.; Lázaro J.; Mercadé, O.; Ardoy, D. N.; Rivilla, I. y Sánchez, M. (2018): *Neurociencia, deporte y educación.* Editorial Wanceulen.
- Ballarini, F. (2016): *REC: Porqué recordamos lo que recordamos y olvidamos lo que olvidamos.* Editorial Debate.
- Bargh, J. (2018): *¿Por qué hacemos lo que hacemos?: el poder del inconsciente.* Editorial Ediciones B.
- Caballero, M. (2017): *Neuroeducación de profesores y para profesores: De profesor a maestro de cabecera.* Editorial Ediciones Pirámide.
- Crespo García, Manuel J. (2019): *Neurociencia aplicada al fútbol. Propuesta práctica.* Editorial Wanceulen.
- Espar, Xesco (2010): *Jugar con el corazón: La excelencia no es suficiente.* Plataforma Editorial.
- Fradua, Luis (1997): *La visión periférica del futbolista.* Editorial Paidotribo.
- Garganta, J. y Pinto, J. en Graça, A. y Oliveira, J. (1997): *La enseñanza de los juegos Deportivos.* Editorial Paidotribo.
- Jackson, Phil (2014): *Once anillos.* Editorial Roca.
- Jozami, Silvina (2019): *Potenciando tu mente deportiva. Neurociencia simple para transforma el rendimiento deportivo.* Editorial Caligrama.
- Marí, Pep (2011): Aprender de los campeones. Plataforma Editorial.
- Marí, Pep (2019): *Equipos campeones: Como convertir un buen equipo en uno mucho mejor*. Editorial Plataforma Impresa.
- Mora, F. (2014): *¿Cómo funciona el cerebro?* Alianza editorial.
- Mora, F. (2017): *Neuroeducación: sólo se puede aprender de aquello que se ama.* Alianza editorial.

- Navarro Valdivieso, F.; González Ravé, J. M. y Pablos Abella, C. (2014): *Entrenamiento Deportivo. Teoría y Práctica.* Editorial Médica Panamericana.
- Pérez, Marcial (2019): *Mente Deportiva: Entrenar el cerebro para extender los límites del rendimiento.* Autoría Editorial.
- Revuelta Candón, Amalia (2016): *El cerebro decide.* Editorial Fútbol Táctico.
- Tamorri, Stéfano (2004): *Neurociencias y deporte. Psicología deportiva. Procesos mentales del atleta*. Editorial Paidotribo.

www.ingramcontent.com/pod-product-compliance
Ingram Content Group UK Ltd.
Pitfield, Milton Keynes, MK11 3LW, UK
UKHW021827270726
14058UKWH00001B/27